Ernst Probst

Liz Taylor - Die "Königin von Hollywood"

GRIN - Verlag für akademische Texte

Der GRIN Verlag mit Sitz in München hat sich seit der Gründung im Jahr 1998 auf die Veröffentlichung akademischer Texte spezialisiert.

Die Verlagswebseite www.grin.com ist für Studenten, Hochschullehrer und andere Akademiker die ideale Plattform, ihre Fachtexte, Studienarbeiten, Abschlussarbeiten oder Dissertationen einem breiten Publikum zu präsentieren.

Dokument Nr. V193486 aus dem GRIN Verlagsprogramm

Ernst Probst

Liz Taylor - Die "Königin von Hollywood"

GRIN Verlag

Bibliografische Information der Deutschen Nationalbibliothek: Die Deutsche Bibliothek
verzeichnet diese Publikation in der Deutschen Nationalbibliografie; detaillierte bibliografische Daten sind im Internet über http://dnb.d-nb.de/ abrufbar.

1. Auflage 2012
Copyright © 2012 GRIN Verlag GmbH
http://www.grin.com
Druck und Bindung: Books on Demand GmbH, Norderstedt Germany
ISBN 978-3-656-18624-3

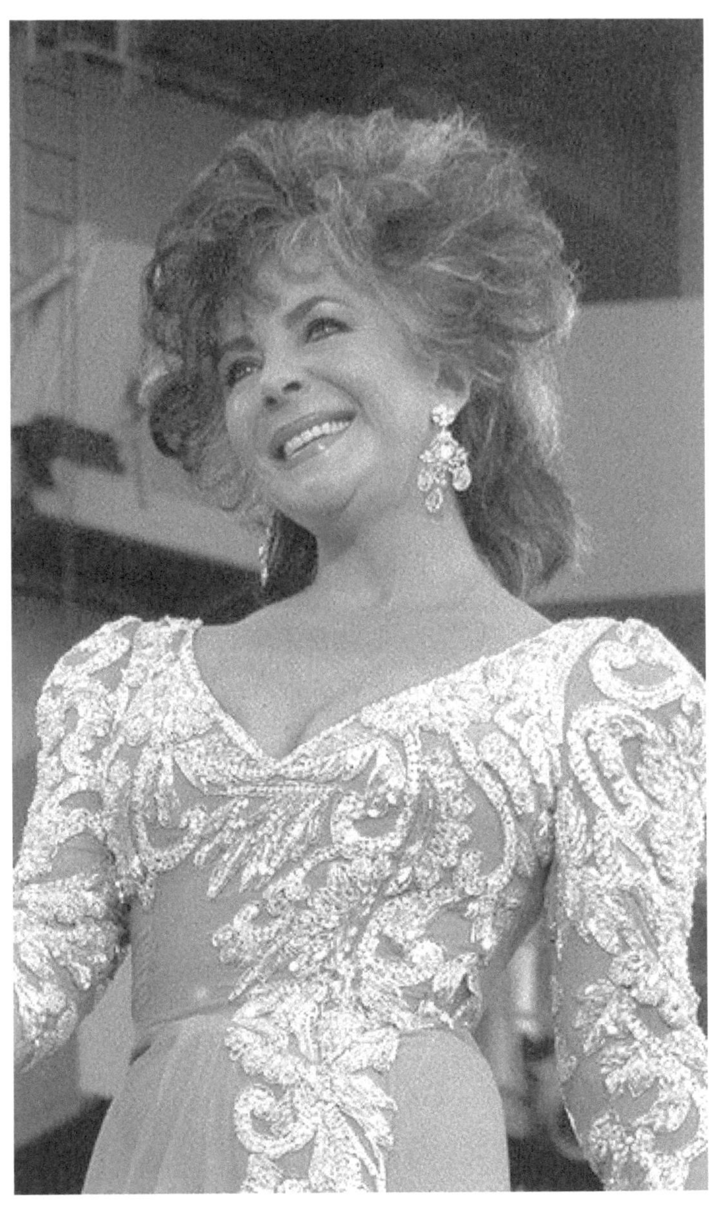

Elizabeth („Liz") Taylor (1932–2011)

Ernst Probst

Liz Taylor

Die „Königin von Hollywood“

Beate Werner,
Bernd Werner,
Marianne Werner,
Otto Werner,
Sonja Werner,
Dr. Jochen Werner,
Christine Werner und
Steffen Werner
gewidmet

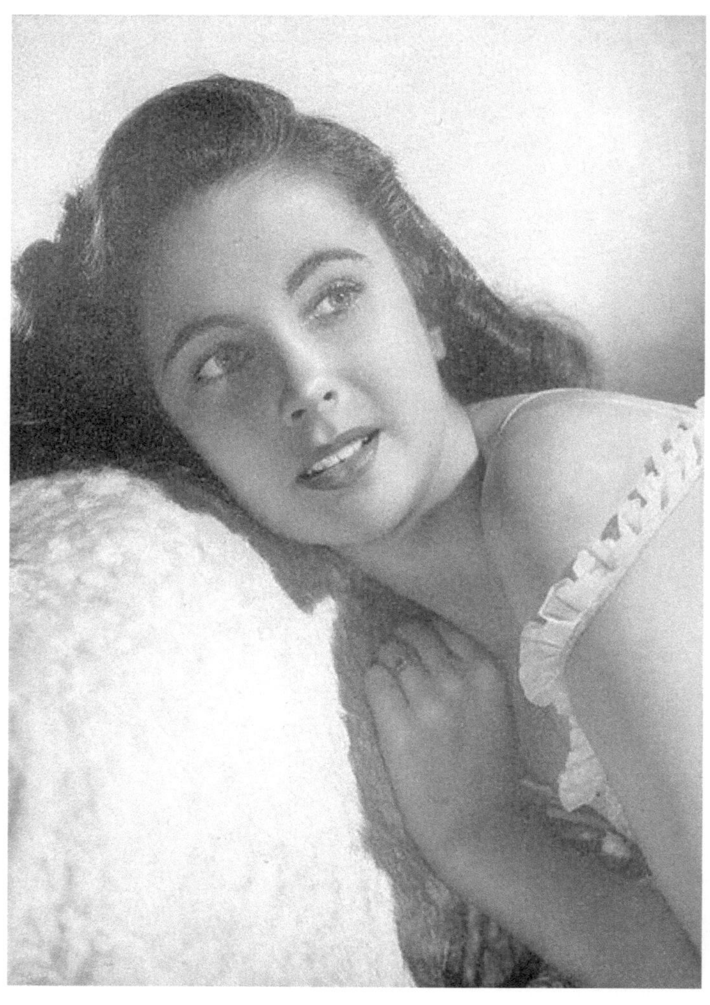

Liz Taylor im Juli 1947

Liz Taylor

Die „Königin von Hollywood"

Einen Ehrenplatz als „Königin von Hollywood" nahm die amerikanisch-englische Filmschauspielerin Elizabeth („Liz") Taylor (1932–2011) in der Welt des Kinos ein. Zwei „Oscars" als beste Schauspielerin und mehrere Nominierungen für diese begehrte Auszeichnung zeugten von ihrem großen Talent vor der Filmkamera. Die zahlreichen gescheiterten Ehen der Diva lieferten der Regenbogenpresse reichlich Stoff.

Elizabeth Rosemond Taylor erblickte am 27. Februar 1932 als Tochter des amerikanischen Kunsthändlers Francis Lenn Taylor (1897–1968) und der Schauspielerin Sarah Viola Taylor (1895–1994), geborene Warmbrodt, in London das Licht der Welt.

Weil ihr Vater und ihre Mutter US-Bürger waren, besaß Elizabeth von Geburt an die amerikanische und britische Staatsangehörigkeit. Zwei Jahre vor ihr war 1929 ihr älterer Bruder Howard Taylor geboren worden. Er wurde Meereskundler, hatte aber in den 1960-er Jahren gelegentlich kleine Rollen im Film und im Fernsehen. Von ihrer ehrgeizigen Mutter, die bis 1927 unter dem Künstlernamen Sara Sothern auf amerikanischen und Londoner Bühnen aufgetreten war, wurde Elizabeth von früh an auf Erfolg getrimmt. Die Kurzform „Liz" für ihren eigentlichen Vornamen Elizabeth hat sie nicht gemocht. Bereits als Vierjährige besuchte sie die Ballettschule von Madame Vacani. Zuhause musste sie vor Möbelstücken knicksen. Bereits in früher Kindheit bekam Elizabeth Reitunterricht und erhielt Ballett-stunden. Ab 1937 besuchte sie die private „Byron House School" in Highgate.

Nach Ausbruch des Zweiten Weltkrieges siedelte der Vater 1939 aus dem von deutschen Luftangriffen be-drohten London nach Kalifornien (USA) über. Zunächst wohnte die Familie Taylor in Pasadena, dann in Pacific Palisades und schließlich in Beverly Hills. In Beverly Hills hoffte der Vater, in der Filmszene zahlungskräftige Kunden für seinen Kunsthandel zu finden, und eröffnete eine Kunstgalerie.

Elizabeth besuchte die „Hawthorne School" in Beverly Hills. Sie erhielt weiterhin Reit- und Ballett- sowie zusätzlich Gesangsunterricht. Es heißt, sie habe nie wirklich gut getanzt oder gesungen. Deswegen wurde sie später im Film kaum als Tänzerin oder Sängerin eingesetzt.

Anfangs verliefen die Versuche der Mutter, einfluss-reiche Persönlichkeiten der Filmbranche in Hollywood auf ihre Tochter aufmerksam zu machen, erfolglos. Doch dann gelang es ihr, John Cheever Cowdin (1889–1960), den Chairman des Filmstudios „Universal", zu bewegen, Elisabeth in einer kleinen Filmrolle einzusetzen. Die Neunjährige wirkte im Spätsommer 1941 einige Tage lang bei den Dreharbeiten für eine kurze Filmkomödie mit, die 1942 unter dem Titel „There's One Born Every Minute" in die Kinos kam. Doch dieser Streifen hatte keinen Erfolg und der Vertrag von Elizabeth wurde nicht verlängert.

1942 konnten die Eltern von Elizabeth Taylor den Produzenten Samuel Marx (1902–1992) vom Filmstudio „Metro-Goldwyn-Mayer" („MGM") dafür begeistern, ihre Tochter in dem Film „Lassie Come Home" („Heimweh", 1943) einzusetzen. In diesem rührenden Streifen hatte die Elfjährige ihre erste Rolle als Partnerin der berühmten Collie-Hündin „Lassie". Weil sich dieser aufwändig in Technicolor produzierte Streifen finanziell bezahlt machte, erhielt „Liz" einen siebenjährigen Studiovertrag. Nach diesem Erfolg besuchte sie die Schule für Kinderstars in Hollywood, an der sie bald zu den Besten ihrer Klasse gehörte. Während dieser Zeit achtete ihre Mutter darauf, dass ihre bewunderte Tochter durch die Arbeit im Atelier nicht überfordert wurde.

1944 bekam Elizabeth Taylor zwei kleine Rollen in „Die Waise von Lowood" und „The White Cliffs of Dover". Die Handlung dieser beiden Filme spielte in England. Einer der Gründe, weshalb man Elizabeth für diese Rollen auswählte, war, dass sie damals ihren britischen Akzent noch nicht abgelegt hatte.

Anfang 1944 gab man Elizabeth Taylor die Titelrolle in dem Pferdefilm „National Velvet" („Kleines Mädchen, großes Herz"). Die Wahl fiel auf die Zwölfjährige, weil sie gut ritt und genau den Vorstellungen entsprach, die die Produzenten von der Hauptdarstellerin hatten. Bei diesem Streifen hatte „Liz" erstmals die Titelrolle und trat sie in fast jeder Szene auf. In einer Reitszene stürzte sie vom Pferd und verletzte sich dabei die Wirbelsäule. Der Streifen „Kleines Mädchen, großes Herz" startete im Dezember 1944 in den Kinos und kam beim Publikum sehr gut an. Anschließend förderte die Werbeabteilung von „MGM" für Elizabeth das Image eines tiernärrischen „Mädchens von nebenan".

Ab 1945 sorgten die Wespentaille und der Prachtbusen der Dreizehnjährigen für Unruhe in der Männerwelt. In „Courage of Lassie" („Lassie – Held auf vier Pfoten", 1946) verkörperte sie zum letzten Mal auf der Kinoleinwand ein Kind. Danach wechselte sie in „Life with Father" („Unser Leben mit Vater", 1947), „Cynthia" (1947), „A Date with Judy" („Wirbel um Judy", 1948), „Julia Misbehaves" („Die unvollkommene Dame", 1948) und „Little Women" („Kleine tapfere Jo", 1949) ins Jungmädchenfach. Durch „Cynthia" und „Wirbel um Judy" wurde Elizabeth in den USA zur „Teen Queen", deren Vorbild viele ihrer Altersgenossinnen nacheiferten.

1949 galt Elizabeth Taylor als die „schönste 17-Jährige der Welt". Als Teenager spielte „Liz" in „Father of the Bride" („Der Vater der Braut", 1950) und „A Place in the Sun" („Ein Platz an der Sonne", 1951) mit. In

„Giant" („Giganten",1956) polierte sie ihren Ruf auf. Für „Raintree County" („Land des Regenbaumes", 1957), „Cat on a Hot Tin Roof" („Die Katze auf dem heißen Blechdach", 1958) und „Suddenly, Last Summer" („Plötzlich im letzten Sommer", 1959) nominierte man sie dreimal für den „Oscar". Den ersten „Oscar" als beste Schauspielerin erhielt „Liz" für ihre Mitwirkung in „Telefon Butterfield 8" (1960).

Während der wegen zahlreicher Krankheiten von „Liz" Taylor zehn Jahre dauernden Dreharbeiten für den Monumentalfilm „Cleopatra" (1963) lernte sie den britischen Schauspieler Richard Burton (1925–1984) kennen und lieben. Das Filmstudio „20th Century-Fox" verklagte „Liz" und Burton wegen der Verzögerungen auf umgerechnet 200 Millionen Mark Schadenersatz.

„Liz" und Richard Burton – seit 1964 ein Ehepaar – traten in vielen Filmen zusammen auf, von denen „Who's Afraid of Virginia Woolf" („Wer hat Angst vor Virginia Woolf?", 1966) den zweiten „Oscar" als beste Schauspielerin einbrachte. „Liz" erschien 1966 nicht zur „Oscar"-Preisverleihung. Ihr Ehemann hielt sich damals in der französischen Hauptstadt Paris auf, hatte Angst vor dem Flug in die USA und wollte seine Frau nicht alleine fliegen lassen.

Elizabeth Taylor war als Schauspielerin ein Naturtalent. Sie hat niemals formalen Schauspielunterricht erhalten, sondern sich ihr handwerkliches Können ausschließlich am Set angeeignet, wo sie von Regisseuren und

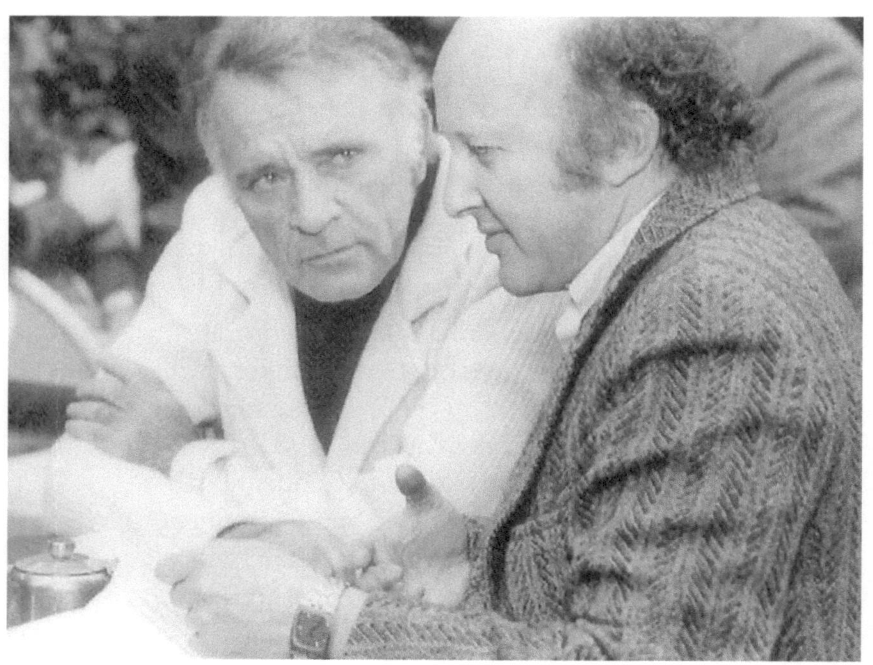

Richard Burton (links) und Gary Moskowitz

Filmpartnern angewiesen und geschult wurde. Zu ihren Lehrern zählte offenbar auch ihre Mutter. „Liz" hat am Set selten gepatzt, weswegen meistens bereits der erste Take verwendet werden konnte.

Als nach dem Misserfolg des Films „The Mirror Crack'd" („Mord im Spiegel", 1980) große Rollen auf der Kinoleinwand ausblieben, versuchte die Taylor ihr Glück auf dem Fernsehbildschirm. 1994 feierte sie als urkomische Schwiegermutter in „The Flintstones" „Familie Feuerstein") ein Comeback im Kino.

„Liz" Taylor heiratete achtmal. Ihre erste Ehe schloss sie am 6. Mai 1950 als 18-Jährige mit dem Hotelerben Conrad Nicholson Hilton junior (1926–1969), genannt „Nick", der dem Alkohol zusprach. Die erste Ehe dauerte kein ganzes Jahr. Es kam bereits am 1. Februar 1951 zur Scheidung.

Zweiter Ehemann wurde am 21. Februar 1952 der britische Schauspieler Michael Wilding (1912–1979). Als „Liz" ihn in einer Studiokantine in Hollywood traf und er sie lüstern ansah, wurde sie von einem Filmpartner gewarnt, Wilding sei verheiratet. Sie sagte lässig, das könne sich ändern und streifte Wilding im Vorbeigehen mit einem lasziven Hüftschwung. „Liz" ließ sich von Hilton scheiden, heiratete Wilding und schenkte ihm die Söhne Michael (1953) und Christopher (1955). Die zweite Ehe endete am 26. Januar 1957.

Als Ehemann Nummer drei fungierte ab 2. Februar 1957 der Produzent Michael („Mike") Todd (1909–

1958). Er verwöhnte „Liz" mit Gold, Diamanten, Sex und Bewunderung, gab ihr manchmal aber auch Ohrfeigen. Aus dieser Verbindung ging 1957 die Tochter Liza hervor. Nach einjähriger Ehe kam Todd am 22. März 1958 beim Absturz seines Privatflugzeuges „The Liz" ums Leben.

Als vierter Ehemann folgte 1959 der Schlagersänger Eddi Fisher (1928–2010). Diese Ehe dauerte vom 12. Mai 1959 bis zum 6. März 1964.

Ehemann Nummer fünf und sechs von „Liz" Taylor wurde der Schauspieler Richard Burton. Ihre Liebesaffäre begann in einer plüschigen Garderobe bei den Dreharbeiten für den Monumentalfilm „Cleopatra". Burtons Ehefrau Sybil packte deswegen ihre Koffer und flog gekränkt nach New York City. Als Burton die Affäre mit „Liz" für beendet erklärte, versuchte diese, sich mit Schlaftabletten das Leben zu nehmen. Ihr Ehemann Eddie Fisher tröstete sie mit einem Smaragdcollier für 29.000 Dollar. Nach einem zweiten Selbstmordversuch schenkte ihr Burton eine Smaragdbrosche für 150.000 US-Dollar.

Am 15. März 1964 wurden „Liz" und Burton erstmals getraut. In ihrer turbulenten Ehe gab es viel Sex, Suff und Prügel. Das Paar adoptierte 1964 ein gehbehindertes deutsches Arbeitermädchen namens Maria (geboren 1961) aus der Nähe von Augsburg (Bayern) und einen mexikanischen Waisenjungen. Der ersten Scheidung von Burton nach zehnjähriger Ehe am 26. Juni 1974 folgte Monate später am 10. Oktober 1975 die zweite Ehe, die aber nur bis zum 29. Juli 1976 hielt.

Noch im Jahr der zweiten Scheidung von Burton wagte „Liz" Taylor am 4. Dezember 1976 ihre siebte Ehe mit dem Politiker John William Warner, der sie als Reklamefigur missbrauchte. Das Paar trennte sich im September 1981 und ließ sich am 7. November 1982 scheiden.

Den achten Ehemann, den 36-jährigen arbeitslosen Bauarbeiter Larry Fortensky, lernte die 56-jährige „Liz" 1988 während einer Entziehungskur im „Betty Ford Center" in Rancho Mirage (Kalifornien) kennen. Sie heiratete ihn am 6. Oktober 1991 auf der „Neverland-Ranch" des Popstars Michael Jackson (1958–2009). Am 31. Oktober 1995 ließ sich „Liz" wegen „unvereinbarer Gegensätze" von Fortensky scheiden.

Mit Michael Jackson war „Liz" Taylor bereits seit 1984 befreundet. Er hatte auf der „Neverland-Ranch" eine Art „Elizabeth-Taylor-Heiligenschrein" eingerichtet, den er 1988 in seinem Musikvideo „Moonwalker" in dem Song „Leave Me Alone" erwähnte. Später schrieb er den Song „Elizabeth, I Love You" und sang diesen 1997 in einer für „ABC" produzierten Fernsehgala.

Elizabeth Taylor hat sich im kalifornischen „Betty Ford Center" im Dezember 1983 und im Oktober 1988 jeweils einer stationären Entzugstherapie unterzogen. Sie missbrauchte seit ihrer Partnerschaft mit Richard Burton sowohl Alkohol als auch Medikamente.

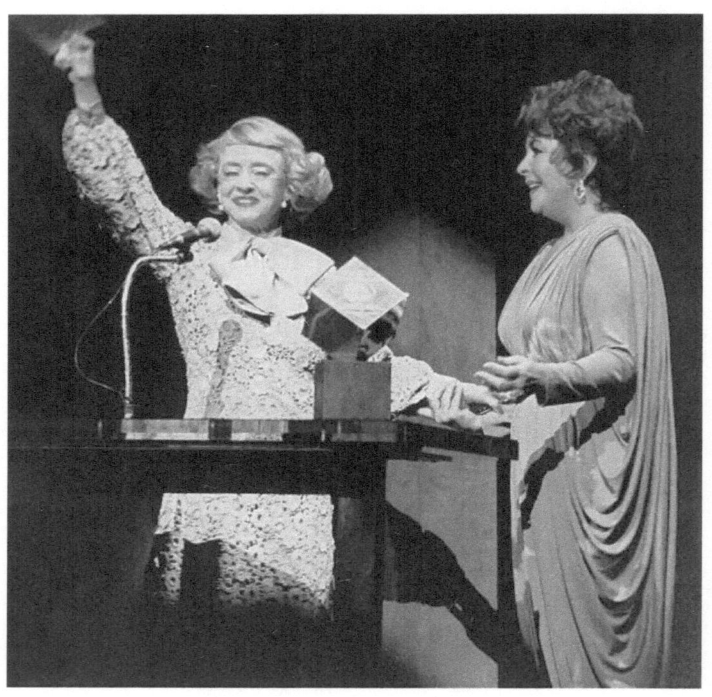

Liz Taylor (rechts) und Bette Davis
bei einer Preisverleihung im November 1981

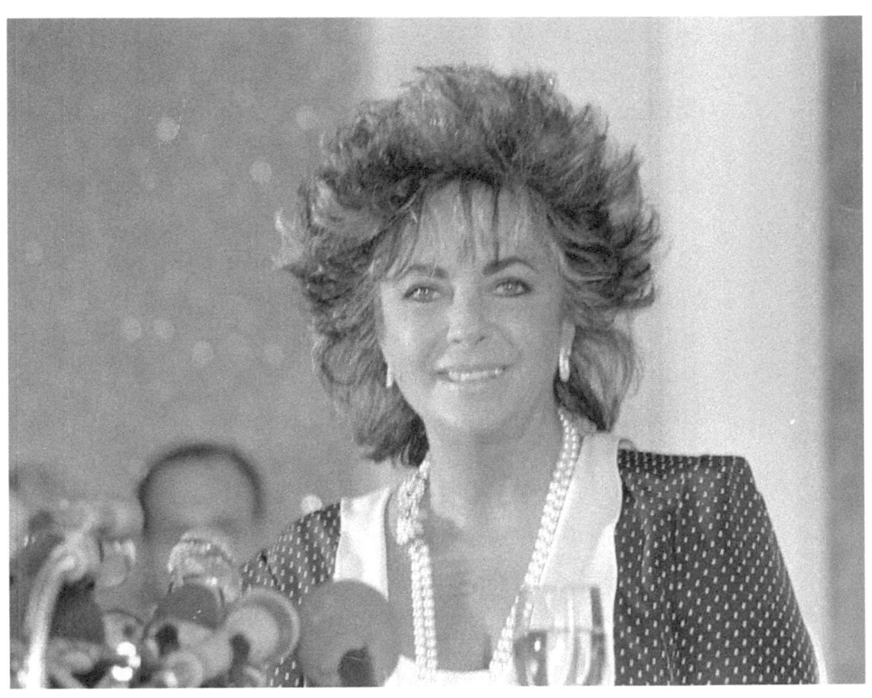

Liz Taylor beim „American Film Festival of Deauville"
(Frankreich) im September 1985

Im Februar 1997 musste Liz Taylor zum 76. Mal in ihrem Leben in die Klinik. Dabei wurde ihr erfolgreich ein Gehirntumor entfernt. Vor dem Eingriff verfasste sie ihr Testament. Nach der Operation verzichtete sie erstmals darauf, ihre Haare zu färben, sie wuchsen eisgrau nach.

In der letzten Zeit ihres Lebens wohnte Elizabeth Taylor in Bel Air (Kalifornien). Ab 2003 war sie nicht mehr als Schauspielerin aktiv, trat aber noch im Fernsehen bei Talkshows auf. Sie starb am 23. März 2011 im „Cedar-Sinai Medical Center" in Los Angeles an Herzinsuffienz. Zu ihrer Beerdigung am 24. März 2011 im „Forest Lawn Memorial Park" in Glendale (Kalifornien) erschien ihr Sarg 15 Minuten später, wie sie testamentarisch verfügt hatte.

Filme von Liz Taylor

1942: There's One Born Every Minute
1943: Heimweh (Lassie Come Home)
1944: Die Waise von Lowood (Jane Eyre)
1944: The White Cliffs of Dover
1944: Kleines Mädchen, großes Herz (National Velvet)
1946: Lassie – Held auf vier Pfoten (Courage of Lassie)
1947: Cynthia
1947: Unser Leben mit Vater (Life with Father)
1948: Wirbel um Judy (A Date with Judy)
1948: Die unvollkommene Dame (Julia Misbehaves)
1949: Kleine tapfere Jo (Little Women)
1949: Verschwörer (Conspirator)
1950: Von Katzen und Katern (The Big Hangover)
1950: Vater der Braut (Father of the Bride)
1951: Ein Geschenk des Himmels (Father's Little Dividend)
1951: Ein Platz an der Sonne (A Place in the Sun)
1951: Quo vadis? (nur Statistenrolle)
1951: Callaway Went Thataway
1952: Die süße Falle (Love Is Better Than Ever)
1952: Ivanhoe – Der schwarze Ritter (Ivanhoe)
1953: Ein verwöhntes Biest (The Girl Who Had Everything)

1954: Elefantenpfad (Elephant Walk)
1954: Symphonie des Herzens (Rhapsody)
1954: Beau Brummell – Rebell und Verführer (Beau
Brummell)
1954: Damals in Paris (The Last Time I Saw Paris)
1956: Giganten (Giant)
1957: Das Land des Regenbaums (Raintree County)
1958: Die Katze auf dem heißen Blechdach (Cat on a
Hot Tin Roof)
1959: Plötzlich im letzten Sommer (Suddenly, Last
Summer)
1960: Scent of Mystery / Holiday in Spain (Cameo-
Auftritt. Ein Cameo-Auftritt ist das überraschende
und zeitlich sehr kurze Auftreten einer bekannten
Person in einem Film oder einer Serie)
1960: Telefon Butterfield 8 (Butterfield 8)
1963: Cleopatra
1963: Hotel International (The VIPs)
1965: … die alles begehren (The Sandpiper)
1966: Wer hat Angst vor Virginia Woolf? (Who's
Afraid of Virginia Woolf?)
1967: Der Widerspenstigen Zähmung (The Taming
of the Shrew)
1967: Doktor Faustus (Doctor Faustus)
1967: Spiegelbild im goldenen Auge (Reflections in a
Golden Eye)
1967: Die Stunde der Komödianten (The Comedians)
1968: Brandung (Boom)

1969: Die Frau aus dem Nichts (Secret Ceremony)
1969: Königin für tausend Tage (Anne of the
Thousand Days), im Abspann nicht erwähnt
1970: Das einzige Spiel in der Stadt (The Only Game
in Town)
1972: X, Y und Zee (Zee and Co.)
1972: Unter dem Milchwald (Under Milk Wood)
1972: Hammersmith is out (Hammersmith ist raus)
1973: Die Nacht der tausend Augen (Night Watch)
1973: Die Rivalin (Ash Wednesday)
1974: Identikit
1976: Der blaue Vogel (The Blue Bird)
1977: Das Lächeln einer Sommernacht (A Little
Night Music)
1979: Winter Kills (Cameo-Auftritt)
1980: Mord im Spiegel (The Mirror Crack'd)
1988: Il giovane Toscanini/Young Toscanini)
1994: Flintstones – Die Familie Feuerstein (The
Flintstones, Cameo-Auftritt)

Zitate von Liz Taylor

Am liebsten esse ich Pellkartoffeln.
Allerdings gern mit einem Klacks Kaviar
und einem Glas Champagner dazu.

Das erste, was man bei einer Abmagerungskur verliert,
ist die gute Laune.

Das Geheimnis der Kindererziehung besteht darin
zu wissen,
wann man seine Geduld verlieren muss.

Der Unterschied zwischen Liebe und Ehe ist,
dass Ehe nicht eine Beziehung 50 zu 50,
sondern 51 zu 51 ist.

Die Ehe ist eine wunderbare Einrichtung.

Eine Frau tut, was ein Mann will,
wenn er verlangt, was sie wünscht!

Einige meiner besten Männer
waren Hunde und Pferde.

Erfolg zu haben heißt,
dass man eine Gefangene wird.

Es geht nicht darum etwas zu besitzen,
sondern darum, wie man es bekommt.

Große Mädchen brauchen große Diamanten.

Ich habe keinen Ehemann genug gehasst,
um ihm die Diamanten wiederzugeben

Ich habe nur mit Männern geschlafen,
mit denen ich auch verheiratet war.
Welche Frau kann das schon von sich sagen?

Ich war so dumm und arrogant zu glauben,
ich wäre ein harmloser Gelegenheitstrinker
und hätte meinen Alkoholkonsum jederzeit im Griff.
Das ist Selbstbetrug,
den sich jeder Alkoholiker vorgaukelt.

Liebe ist für mich wie ein Lebensmittel..
Sie hält mich jung.

Man findet erst heraus, wer wahre Freunde sind,
wenn man in einen Skandal verwickelt ist.

So gut wie alles macht mich nervös –
außer Filme zu machen.

Wenn Gott schon entschieden hat,
dass die Frau Falten haben nuss,
warum nicht an den Fußsohlen?

Literatur

FEMBIO Frauen-Biographie-Forschung
http://www.fembio.org
INTERNET MOVIE DATABASE
(Film-Datenbank) http://www.imdb.com
PROBST, Ernst: Superfrauen 7 – Film und Theater,
Mainz-Kostheim 2001
PUBLIKUMSLIEBLINGE NICHT NUR VON
GESTERN http://www.steffi-line.de
Internetseite von Stephanie D'heil, Düsseldorf
THAIN, Andrea / HUEBNER, Michael O.: Elizabeth
Taylor. Hollywoods letzte Diva – Eine Biographie.
Reinbek bei Hamburg 1994
WEIDENBACH, Suse: Ein Leben für die Leidenschaft.
Von Rentenalter keine Spur – Elizabeth Taylor wird
sechzig. Stuttgarter Zeitung, 25. Februar 1992, Stutt-
gart
WIKIPEDIA (Online-Lexikon) http://wikipedia.org
WINNERT, Derek (Herausgeber): Elizabeth Taylor.
Aus: Kino. Die große Welt der Filme und Stars, S. 167,
Niedernhausen 1995

Bildquellen

Klaus Benz, Fotograf, Mainz-Laubenheim: 32

Reproduktion eines Fotos aus dem argentinischen „CINELANDIA magazine" vom Juli 1947: 6

PH1 Blakemore (Elizabeth Taylor während eines gemeinsamen Auftritts mit Bob Hope an Bord des an der US-Marinefliegerbasis Pensacola in Florida stationierten Schulflugzeugträgers „USS Lexington" anlässlich der Feierlichkeiten zum 75. Jahrestag der ersten Flugzeugträger-Flüge von Eugene Burton Ely): 1 (via Wikimedia Commons), Lizenz: Dieses Foto ist ein Werk eines Mitarbeiters der Streitkräfte der Vereinigten Staaten oder des Verteidigungsministeriums der Vereinigten Staaten, aufgenommen oder hergestellt während seiner offiziellen Anstellung. Als amtliches Werk der Bundesregierung der Vereinigten Staaten ist dieses Bild gemeinfrei.

Roland Godefroy/CC-BY3.0: 17 (via Wikimedia Commons), lizensiert unter CreativeCommons-Lizenz by-3.0-de
http://creativecommons.org/licenses/by/3.0/legalcode

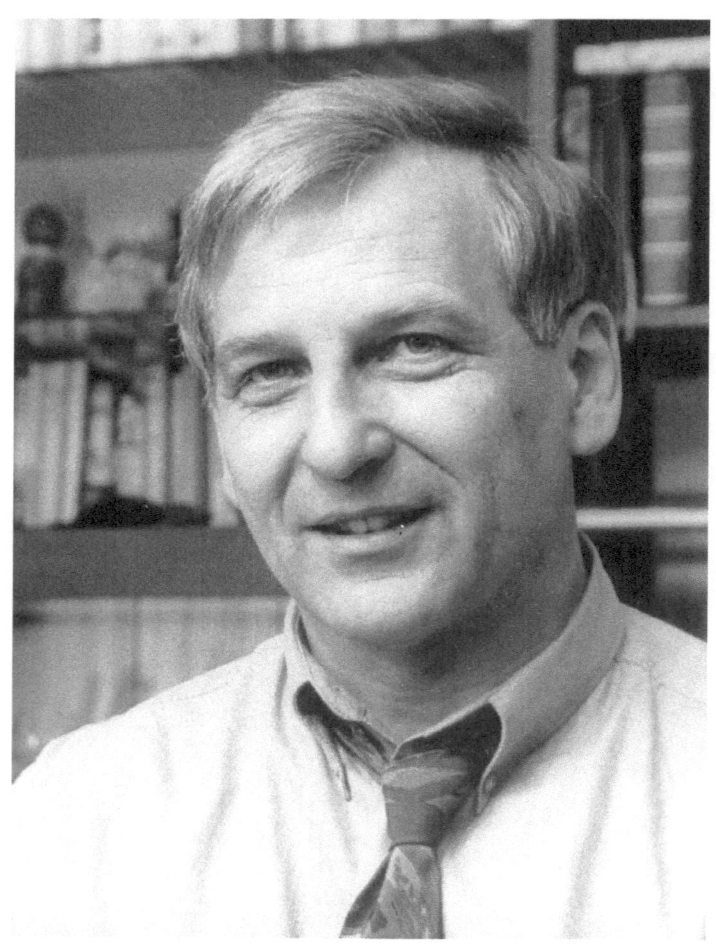

Autor Ernst Probst

Der Autor Ernst Probst

Ernst Probst, geboren am 20. Januar 1946 in Neunburg vorm Wald im bayerischen Regierungsbezirk Oberpfalz, ist Journalist und Wissenschaftsautor. Er arbeitete von 1968 bis 1971 als Redakteur bei den „Nürnberger Nachrichten", von 1971 bis 1973 in der Zentralredaktion des „Ring Nordbayerischer Tageszeitungen" in Bayreuth und von 1973 bis 2001 bei der „Allgemeinen Zeitung", Mainz. In seiner Freizeit schrieb er Artikel für die „Frankfurter Allgemeine Zeitung", „Süddeutsche Zeitung", „Die Welt", „Frankfurter Rundschau", „Neue Zürcher Zeitung", „Tages-Anzeiger", Zürich, „Salzburger Nachrichten", „Die Zeit", „Rheinischer Merkur", „Deutsches Allgemeines Sonntagsblatt", „bild der wissenschaft", „kosmos", „Deutsche Presse-Agentur" (dpa), „Associated Press" (AP) und den „Deutschen Forschungsdienst" (df). Aus seiner Feder stammen die Bücher „Deutschland in der Urzeit" (1986), „Deutschland in der Steinzeit" (1991) und „Deutschland in der Bronzezeit" (1996). Von 2001 bis 2006 betätigte sich Ernst Probst als Buchverleger sowie zeitweise als internationaler Fossilienhändler und Antiquitätenhändler. Insgesamt veröffentlichte er rund 200 Bücher, Taschenbücher, Broschüren und E-Books.

Bücher von Ernst Probst

(Auswahl)

Als Mainz noch nicht am Rhein lag

Annie Oakley
Die Meisterschützin des Wilden Westens

Archaeopteryx. Der Urvogel
aus Bayern

Christl-Marie Schultes. Die erste Fliegerin in Bayern
(zusammen mit Theo Lederer)

Cortés und Malinche. Der spanische Eroberer
und seine indianische Geliebte

Der Europäische Jaguar

Der Mosbacher Löwe
Die riesige Raubkatze aus Wiesbaden

Der Rhein-Elefant
Das Schreckenstier von Eppelsheim

Der Sögel-Wohlde-Kreis

Die nordische Bronzezeit in Deutschland

Die Hügelgräber-Kultur in Deutschland

Die ältere Bronzezeit in Nordrhein-Westfalen

Die Bronzezeit in der Lüneburger Heide

Die Stader Gruppe

Die Oldenburg-emsländische Gruppe

Die Urnenfelder-Kultur in Deutschland

Die ältere Niederrheinische Grabhügel-Kultur

Die Unstrut-Gruppe

Die Helmsdorfer Gruppe

Die Saalemündungs-Gruppe

Die Lausitzer Kultur in Deutschland

Rund 70 Kurzbiografien berühmter Fliegerinnen,
Ballonfahrerinnen, Luftschifferinnen,
Fallschirmspringerinnen, Astronautinnen und
Kosmonautinnen

Königinnen des Films

Königinnen des Tanzes

Königinnen des Theaters

Malende Superfrauen

Meine Worte sind wie die Sterne

Die Entstehung der Rede des Häuptlings Seattle
(zusammen mit Sonja Probst)

Monstern auf der Spur
Wie die Sagen über Drachen, Riesen
und Einhörner entstanden

Neues vom Ur-Rhein
Interview mit dem Geologen und Paläontologen
Dr. Jens Sommer

Österreich in der Frühbronzezeit

Österreich in der Mittelbronzezeit

Österreich in der Spätbronzezeit

Pompadour und Dubarry. Die Mätressen
von Louis XV.

Raub-Dinosaurier von A bis Z.
Mit Zeichnungen von Dmitry Bogdanav
und Nobu Tamura

Rekorde der Urmenschen
Erfindungen, Kunst und Religion

Rekorde der Urzeit
Landschaften, Pflanzen und Tiere

Säbelzahnkatzen. Von Machairodus
bis zu Smilodon

Säbelzahntiger am Ur-Rhein. Machairodus
und Paramachairodus

Superfrauen aus dem Wilden Westen

Superfrauen 1 – Geschichte

Superfrauen 2 – Religion

Superfrauen 3 – Politik

Superfrauen 4 – Wirtschaft und Verkehr

Superfrauen 5 – Wissenschaft

Superfrauen 6 – Medizin

Superfrauen 7 – Film und Theater

Superfrauen 8 – Literatur

Superfrauen 9 – Malerei und Fotografie

Superfrauen 10 – Musik und Tanz

Superfrauen 11 – Feminismus und Familie

Superfrauen 12 – Sport

Superfrauen 13 – Mode und Kosmetik

Superfrauen 14 – Medien und Astrologie

Tony und Bruno Werntgen. Zwei Leben für die Luftfahrt
(zusammen mit Paul Wirtz)

Was ist ein Menhir?
Interview mit dem Mainzer Archäologen
Dr. Detert Zylmann

Weisheiten der Indianer

Wer ist der kleinste Dinosaurier?
Interviews mit dem Wissenschaftsautor Ernst Probst

Wer war der Stammvater der Insekten?
Interview mit dem Stuttgarter Biologen
und Paläontologen Dr. Günther Bechly

Zenobia von Palmyra.
Eine Frau kämpft gegen die Römer

Bestellungen bei: http://www.grin.com